저기 한 사람

박세현 시집

시인동네 시인선 050

박세현 시집

저기 한 사람

시인동네

시인의 말

차례

시인의 말

제1부 문득

장수풍뎅이 · 13
성북동에 가면 · 14
문득 · 15
나는 누구인가 · 16
중앙도서관 · 17
청명 · 18
작자 미상 · 20
한 여자 · 21
통영횟집을 나오면서 · 22
다들 제자리에 있다 · 24
별일 없음 · 25
방금 쓴 시 · 26
거대한 비현실 · 28
내 시 어떤가요 · 29
경주를 떠올리는 방식 · 30
그런 게 있다 · 32
그건 그렇고 · 33

어제 온 가을 · 34
나의 마흔, 봄 · 36
0시의 부에노스아이레스 · 37
세상 뜰 때 · 38
문장강화 · 40
악보에 없는 밤 · 41
생거짓말 · 42
시는 설명이 아니다 · 44
그건 그렇고 · 45
서촌기행 · 46
지금 뭐해? · 48
개운사 · 49
한 편의 시 · 50
시인은 어떻게 살아야 하나 · 52
하여간 그 사람은 · 53
정라진항 · 54
춘몽일장 · 56
하루하루 · 57

제2부 서로 사는 순간

가을 저녁의 시 · 61

철학 한 잔 · 62

그건 그렇고 · 64

봄 특집 · 65

초가을 개심사 · 66

밤 · 68

횡성휴게소 · 69

단지, 그렇다구요 · 70

파도 칠 때마다 · 72

안인진에서 · 73

그건 그렇고 · 74

시 같은 소리 · 75

남원주 실황 · 76

나는 웃고 있네 · 78

슬픔이라는 노동 · 79

맹방 · 80

찌그러지는 연습 · 82

저기 한 사람 · 83
오래된 잡지 · 84
겨울 햇살 한 줌 쥐었다 놓기 · 86
아무 일도 없어요 · 87
그래도 좋다 · 88
나는 웃고 있네 속편 · 89
별다른 일 없다 · 90
서로 사는 순간 · 92
보헤미안 비스름하게 살지 못한 죄 · 93
나의 훗날 · 94
무릉을 지나가며 · 95
그러던 어느 날 · 96
마지막 사랑 · 97
더 끝났다 · 98
한 잔 더 · 99
저 한국문학사 · 100

해설 언어의 문밖으로 떠나는 詩 · 103
강경희(문학평론가)

제1부 문득

장수풍뎅이

종로에 가면 재즈가게
장수풍뎅이가 있다
없는 거 빼고 다 있어서
가끔 들러서 주인과 놀다가 온다
요새는 주인의 먼 친척 청년이
알바 삼아 가게를 지켰다
주인을 물었더니 늘 똑같은 대답이 왔다
—어제 과음하셨다나 봐요
주인 없이 그냥 돌아오고 돌아오고 돌아오고
하루는 갔더니 가게가 아예 사라지고 없다
옆집에 물었더니 그런 집은
본래부터 없었다고 전한다
없었던 집이 다시 없어진 것이다

성북동에 가면

삼선교에 내리면 마중 나온 듯
덜 핀 국화의 외딴 자존심들
그러거나 말거나
나성에 가면 편지나 띄우세요
함께 못 가서 정말 미안해요
노랫말 행간을 골라 딛으며
발 가는 대로 걸어가리라
몸속에서 누군가 속삭속삭
성북동에 가면 수연산방을 찍어주세요
자기 걸음으로 월북하여 숙청당하고 고철을 주우며
살았다는 소설가의 환상에 대하여 자세히 말해주세요
파초 잎에 떨어지는 빗소리를 듣자고
그가 살았다는 그 집이 그 집인지
성북동에 가면 빗소리도 좀 들려주세요
함께 못 가서 정말 미안해요

문득

—2015년 8월 17일 오전, 강릉

이 가을엔 탱고를 들어야 하나
저 아래 발바닥으로부터 출발한 뜨거움이
전신을 돌아다니도록 내버려두고 오늘은
서툰 작법으로 쓰여진 단편을 읽어야겠군
첫 줄은 이런 단어로 시작했으면
—문득
뒷말은 이 시를 읽는 당신이 이어가시라
단, 느닷없고 비논리적이고 폭력적일 것
이제 시는 너무 쉬워졌어 달부 시시해
뻔한 문체로 중얼거리거나
무슨 말인지 모르게 징징대거나
다 그게 그거 의미론적 동서들 아닌가
내가 살아온 인생을 소설로 쓰면 말이야
A4 반 장쯤 될 거다 깨놓고 말해서
할 말이 없다는 얘기를 쓰는 데도
장편소설 한 권은 필요하겠지
삶이란 무엇인가?
쉿

나는 누구인가

대관령 넘고 횡계 덕장 지나가면서
지나가면서에 방점
갑자기 밝은 아침처럼 봄은 오고
갑자기에도 방점
산갈피엔 잔설이 봄볕에 조용히 몸 달구는 중
태 버린 곳에서는 뭔가를 내려놓고 뭔가는
한 짐 지고 간다 감정의 물물교환 같은 것
나는 전생에 등짐장수였나봐
등은 없고 짐만 있거나
짐은 없고 벌건 등만 있거나 말거나
대관령 넘고 나면 나는 다른 인간이다
나는 누구인가
관심없다

중앙도서관
—나를 위한 헌시

중앙도서관에 책 반납하고 나오는데
머릿속까지 반납하고 싶어 도로 4층으로 올라갔다
지금은 바쁘니 다음에 오세요 교수님
엘리베이터 없는 계단을 그래서 터벅터벅
단순한 두 박자 걸음으로 내려왔다
건물 옆 오래된 미루나무가 선 채로
와르르 잎을 흔들어준다 웬 박수 소리
감사
내게 왔던 간밤의 비바람이 이제야
잔상을 거두어갔다 역시 감사
오늘은 좀 헷갈리는 시를 쓰리라
낯선 독자를 만나 낯선 말을 주고받으리라
점잖게 연구실로 걸어가다가
아무래도 골통을 싹 비워내고 싶어서
인적 없는 중앙도서관 쪽으로 다시 유턴한다

청명

고속도로에서 불교방송 저녁예불을 만난다
기도가 부족했어
녹음된 범종 사이로 톡톡 튀는 빗방울
여기가 어디쯤이지?
이천 지나감 그것 말고
예순셋 봄을 지나간다 옥희? 그렇군
다 살았는데 여전히 살아 있다는 착각
헛몸 꼴린 한국시의 범람처럼 사셨어
혹시 당신의 무의식이 건들렀다면 사과할 용의 있고
지심귀명례 시방삼세 제망찰해 불타야중
전반전 끝나고 후반전 끝났는데 무승부인 생애
지금 봄비 맞으며 연장전 진행 중
급한 대로 빗방울에 귀의하자 내게 귀의하기가
그리도 쑥스러웠던 예순 몇 해여
제발, 응답하지 마라
하르르 흩날리던 난설헌 생가 벚꽃들
급히 마시고 떠나왔다
등 뒤로 정신 한 겹 목 넘어가는 소리

청명이라 발음하니 입안이 맑아졌다
벚꽃 날리듯 삶이 겹다

작자 미상

말줄임표처럼
뭔가 안다는 생각을 줄이면서
줄이다가 지치면 마음조각은
허공에 묻어도 좋겠소 바람 세게 부는 날
영서지방 아카시아 꽃잎처럼 소소하게
자기를 조금씩만 펴내는 노동
나는 세상의 헷갈림이었소이다
삶의 바깥을 떠돌았다오
당신이 살았던 가여운 한시절이었소이다
세상은 바람 불고 덧없어라*
한 줄 작자 미상의 떠돌이 시
그게 나였을 것

---

* 이제하, 「모란동백」의 한 구절. 삶이란 어떻게 논파해도 이 근처다.

한 여자

한 여자
그림자가 이쁘다
그녀 걸어가면 그림자도 따라간다
한 여자의 정치
한 여자의 경제
한 여자의 역사
그 여자가 삼키고 있는 미시사(微視史)
한 여자의 까닭 없는
짜증과 편두통도 따라간다
한 여자 돌아본다
그림자와 눈이 **딱** 마주친다
어쩌라구?
누가 먼저랄 것도 없이

통영횟집을 나오면서

참, 오랜만에 당신을 만난다
안부를 교환하는 동안 안부거리가 떨어져 당황했다
안부 없이 떠내려간 세월에 손을 헹구면서
공산당선언처럼 깔린 메밀밭의 적요를 통독한다
어디 가서 저녁이나 먹을까요
– 시집 읽었어요 그건 대략 시가 아니더군요
= 시가 뭔데
– 그냥 적당히 꼴리는 대로 쓰세요
= ㅁ
통영이 아니라 통영횟집을 나오면서
통영에서 올라온 생선이 아니라 수족관에서 놀던
생선으로 저녁 먹고 소주도 한 잔 어쩌구 하면서
집으로 돌아오는 길 사는 게 다 이런 거라고
말하고 싶은 것은 아니다
통영에 가서 윤이상 거리를 걷고
청마의 거리도 걷고 싶다 그 길이 당신의
길이기도 하고 나의 길이기도 하다는 것을
확인받고 싶다

누가 박세현 거리가 어디냐고 물으면 어떡?
저기라고 하면 된다 저기 어디? 그냥 저기
통영행은 그래서 영 멀어질 것이다
에잇, 통영 가서 횟집이나 차릴까
– 횟집 주인들은 뭐라고 하실까

다들 제자리에 있다

술잔 들다가 생각나서 어쩌지 못하고
(당신도 그럴 때 있지 않은가)
결례인 줄 알면서 그분에게 전화한다
밤늦게까지 한국문학에 종사하시는구만
초과수당도 없을 텐데
전화를 끊으면서 돌아보니 다들 근무 중이시다
한국문학만 불을 켜고 있는 것은 아니다
야식집을 비롯해 한국경제와 한국정치와
한국문화와 길냥이까지 바쁘다
다들 제자리에 있다
다들 조금씩 초과하고 있다

별일 없음

보내주신 시집 잘 받았습니다
더 깊고 넓어진 시를 보면서 당신도 나처럼
허공을 연구하고 있다는 생각이 들었습니다
시를 걱정하다가 잠 놓치기도 합니다
심심파적이라고나 할까요
(파전이면 좋겠지요)
통일 문제 같은 공적 근심은
내게 잘 맞지 않았습니다
근황이 그렇다는 말입니다
노벨상 후보에 거론되지 못했다는 것 말고
나는 별일 없이 흘러가고 있습니다
올해는 분발할 겁니다
건필하십시오

방금 쓴 시

입추 지난 며칠
저녁 빗소리 새삼스럽다
사는 일도 그렇다(어떻다고?)
오전에는 씨디 한 판을 돌렸는데
그것이 다 돌아가도록 모른 척했다
73분 동안 많은 것이 흘러가서 돌아오지 않는다
적막도 음악 맞지요? 물어본다
가다가 되돌아온 듯한 어둠을 밝히고
시를 받아적는다
대책 없이 산다는 문장을
내 책 없이 산다는 문장으로 고치면서 웃는다
종일 뻘밭 같은 내 육체에 떨어져 습한 소리를 내며
흘러가는 빗소리를 건져내면서
한때 우체국에서 일했다는 찰스 밍거스와
(택배 같은 거 했을까!)
맨해튼에서 택시기사로 일한 맥코이 타이너의
가계부를 떠올렸다
생계는 그렇게 숙연하다

이젠 감동적인 시가 싫어졌다

왜 그럴까?

거대한 비현실

지방도시 청매화 빗방울에 속몸 젖는다
첫 시간 강의하러 가는 길
육십 넘어서도 강의하나?
(시끄러, 강의한다)
그 바람에 좌회전 깜빡이 넣는 걸 잊고
커브 구간을 돌아버렸다
세상 저 너머가 있다고 믿고 살아왔는데
이 몸을 끌고 다니는 남원주 뒷골목
여기가 세상 너머였더라
난, 나는 언제나
언제나 거대한 비현실이었어

내 시 어떤가요

나는 알고 있어요 당신
내 시 건성으로 읽는다는 거
내 사정도 그리 다르지 않지요
시라는 게
공들여 읽으면 남는 게 없다는 거
사랑할수록 외로워지잖아요
대충 훑어봐 읽어줘서 고마워요
이 잡듯 꼼꼼히 사는 사람들
헛산다는 거
우리 동의했잖아요
오늘 내 시 어떤가요
건성으로 고개만 살짝 끄덕여주삼

경주를 떠올리는 방식

우리는 불바다가 돼도 좋단 말입니까?
(그럼 삼겹 굽겠다는 겨?)
장률 감독의 영화
〈경주〉에 나오는 동북아 전문가 박 교수의 대사다
그 인간이 나 같다고는 할 수 없지만 아니라고 할 수도 없는
그 장면을 자축하듯 터져 나오는 웃음을 참지 않기로 했다
빈 극장의 몇 달치 침묵을 털어내던 나의 웃음소리
아무도 없는 극장에서
(나 말고도 두 명 더 있었으니
강원도에서는 이 정도면 만땅)
아무도 모르게 클클 웃어보려던 꿈은
옆 좌석 때문에 실패하고 말았다
밤 허공에 둥글게 떠 있던 왕릉이 여인의 젖가슴 같다는
상상은 하나마나한 말이겠으나 영화를 보신 분들은
나의 이 피상성을 너그럽게 넘어가 줄 것이다
누군들 저 속으로 입궁하고 싶지 않겠는가
아침 여덟 시 사십오 분 롯데시네마, 원주
몸이 덜 깬 7월의 어느 날

두 시간 정도 얌전히 앉아서 경주를 관람했다
삶은 말이다
(빨랑 말씀하세요!)
이렇게 제각각 간절한 춘화를 찾아나서는
독립영화에 다름 아니겠지

그런 게 있다

거돈사지 당간지주
그런 게 있다
너는 시 쓰느라 바빠서 그런 게 있는 줄 알겠냐마는
가보면 없어진 절 입구를 지키고 있는
환멸을 몸으로 만나게 될 것이다
한 번도 이론적으로 자신을 세워 보지 못하고
폐사지 폐교 폐운동장 폐숲에 누워
외로이 혼자 누군가를 기다리면서
(아무도 기다리지 않았다는 사실도 덤으로 새기면서)
불가피한 미완의 와불이 되었다는 것
그대는 알 것 같지 않은가
여름날 매미 소리에 일념을 깨뜨리고 눈뜬
어떤 그리움이 개망초 허리 사이를 흘러간다
세상 모든 생각을 끄고 그대 만나러 가는 길
내가 그대의 다른 몸이 되어서 싱거운 개망초 일행과
연대하면서 사라진 절집의 환멸을 사수하면 어떨까?

그건 그렇고

동업자의 신간 시집을 읽고
모닝커피를 마신다 장마는 시작되었고
대관령음악제도 반쯤 흘러갔다
손열음은 하프시코드로 바흐를 연주하겠단다
나는 한글 자판 연습 중!
편집자는 새로운 잡지를 만들겠다고
호언하면서 요란한 구상을 떠들어댔다
새로워야 된다는 상투성에 건배!
그건 그렇고
힘없는 커피가 바닥났다
한 잔 더 할까?
내게 물었다

어제 온 가을

어제 가을이 왔음 다들 알고 있겠지만
가을엔 목이 긴 새의 울음 같은 시를
좀 읽을 것이다 난 그러면 안 되냐? 그동안
쓰기만 하고 읽지 못한 내 시 부스러기도 읽고
동업자들의 시도 읽을 것이다 가능하다면
시인의 가슴에 닿기 전의 시 이를테면
어제 새벽 내 창에 붙어 발끈거리던 매미의 끝물 소리
원주천변에 실험적으로 핀 달맞이꽃
비밀리에 집합하여 시—작하면서 출발하는
물소리 같은 시를 베고 잠들 것이다
랑만적이라고? 랑만 같은 소리
문구점에 색종이를 사러 간다 길에서 만난
노래방 주인과 인사한다 요즘 왜 안 오세요
신곡 준비되면 가겠지요
비행기를 접는다 손 없는 날 아파트 옥상에서
색색의 비행기를 날린다 뭐 그런 시시한 상상
가을엔 동네 서점에 가서 친구의 시집을 사고
커피 없이 무념으로 시만 읽을 것이다

시 참 잘 읽었어, 고마워 밥 살게
우리, 몸 있을 때 만나자

나의 마흔, 봄

살아보려고 지방대학에 이력서 제출
갓 마흔에 원주에 와 국어를 가르쳤다
논문도 쓰고 시도 막 가르치고 겁이 없었어
이젠 약아졌고 힘 빠져 시 얘기는 꺼내지 않는다
나도 살아야지
치악산 구룡사 계곡에 가 놀다가
처용처럼 돌아온 외로움의 총계가 마흔
나의 봄이었지
나의 많은 봄날이었다구
그 시절 눈 트고 지낸 산벚나무와는
지금도 덤덤하게 연락하고 산다
딴 건 몰라도 나의 마흔은 아까워서
다 살지 않고 남겨놓은 장소 거기다
가끔 가보고 싶다

---

*신경림의 제목에 겹쳐 쓴 시.

0시의 부에노스아이레스

김종삼이 후배 시인 김영태에게 돈 빌리러 가듯이
그냥 빈손으로 돌아오듯이
마음 밀쳐두고 탱고를 들었다는 것
자정이 넘어 뭔가는 조금 포기하고
꼰대의 걸음으로 남원주의 한순간을 걸어가신다
자기 시대가 통째 사라졌다는 팩트를 곱씹으며
불 꺼진 닭집 앞을 지나가는 장면을
아스토르 피아졸라 버전으로 번안하자면
0시의 부에노스아이레스가 될 것이다
계륵 같은 번민으로부터 나는 퇴근하는 중이다

세상 뜰 때

우리 그런 칙칙한 얘긴 하지 말자
떠날 때는 말없이! 며느리도 모르게
컵 있다가 컵 치운 자리
눈 쌓였다가 녹은 자리처럼
빛 한 줄기 따라가면 된다
가다가 길 놓치면 되돌아오라
살던 집에 와서 살던 대로 살며
쓰다 놓아버린 시 마저 두드리고
사랑도 하고 인터넷 검색도 하자
(마치 살아 있다는 듯이)
미운 놈 따따불로 미워해주고
장례식에 오지 않은 친구한테 매운 문자 보내라
단골집에 가서 외상으로 고량주도 마시자
거 왜 있잖아 애인은 잘 있어?
(사생활 간섭은 여전하시군)
재즈사전 속에 끼워둔 수표도 써버리자
놓고 갈 것 없지?

콘돔은 가져가야 하나?
그건 황 선생한테 여쭤봐야지

* 황동규의 제목에 겹쳐 쓴 시.

문장강화

문장이란 언어의 기록이다
1948년 박문출판사에서 펴낸 이태준의
『문장강화』 첫 줄은 새로울 게 없다
상허는 마지막 장에서 언문일치를 강조했다
한때는 누구나 홀망했을 발언이다
행복이라는 어휘를 알고부터
행복해지기 어려워진 나의 사정
성북동 가는 걸음이면 내친 김에 하는
생각으로 수연산방을 거친다
언문일치는 옳은 의견이지만
그건 지킬 수 없는 약속이다
수연산방 말라버린 우물바닥에
내 역사를 비춰보고 돌아서며
말과 생각과 몸이 벼락 치듯
하나 되는 꿈꾼다 꿈이지만
그런 문장을 건너가야 하리

악보에 없는 밤

베이스가 밤 허공의 틈을 긁고 있는 사이
누군가의 손목 잡듯이 드럼이 울린다
베이스와 피아노의 생각이 다투더니
갈 데까지 가지 않고 협상한다
인내는 쓰고 열매는 달다지만 세상에는
써서 좋은 것도 있다
남원주 눈 소식 밤안개가 복잡하다
피아노가 옷섶을 여미며
회고성 선율을 꺼내놓는다
제목은 모르겠고
악보에 없는 밤이다

생거짓말

과테말라에서 하룻밤
파푸아 뉴기니아에서도 하룻밤
온두라스, 엘살바도르, 동티모르, 르완다, 인도네시아
콜롬비아, 네팔, 에디오피아, 탄자니아, 코스타리카
(빠진 데 없나)
베트남에서는 모기를 쫓으며 이틀 밤
내 혀를 설레게 했던 밤들
블루 마운틴에서는 느긋하게 블루 트레인을 타고
뉴올리언즈, 시카고를 거쳐 뉴욕 뒷골목에 내린다
스토리빌을 어슬렁거리며 피아노와 베이스가 염치없이 껴안는
이중주를 들어보자 좌익에서 아예 반 걸음 더 나아가
반좌익의 걸음걸이로 알토 색소폰의 검고 깊은 선언에 전율하자
이토록 쓰고 달고 뜨거운 여름특집 밤 커피
자다가 어이없이 깨면 삶이란 무엇인가
낡은 배 몇 척으로 왜선을 격파하는 것은 남의 몫이니
왠지 푸른 트럼펫 한 구절에 걸음을 맡기고

서가식동가숙하며 하룻밤을 건너가리라
당신과 내가 하룻밤 헛잡은 손처럼
과테말라는 거짓말이고 스토리빌도 생거짓말이었소
그럼, 좀 어떻겠수

시는 설명이 아니다

시는 설명할 수 있는가
없다
설명할 수 있는 동안은 시가 아니다
시는 설명하는 것도
설명으로 밝아지는 무엇도 아니다
시는 설명할 수 없어야 시다
설명된다 해도 그건 설명이 아니라
설명하기 전의 다급이나 설명의 뒤끝이다
시는 설명이 아니다
시가 설명이라면 나는 시를 놓겠다
나는 지금 시에 대해 말한 것이 아니다
설명을 설명한 것이다
못 믿어서 하는 말인데 시는
설명이 아니다 시는
시다

그건 그렇고

기본증명서를 떼려고 주민센터에 갔는데
로비에서 뭔가를 읽고 있는 노천명을 봤다
얼결에 다가가서 인사를 드렸는데
누구냐고 되물었다 김이 샜지만
시 쓰는 거시기라고 말씀 올렸더니
요샌 누가 누군지 모르겠다면서
보던 책을 다시 펼쳤다
전화번호부였다
돌아서는데 노시인의 혼잣말이 들렸다
—저런 것도 시인이라고
돌아보지 않았다

서촌기행

날 좋네 읽던 소설 놓고 나는 가네
지하철을 타고 광화문에 내려 오래 걷네
모처럼 얻은 햇살 한 줌 쥐고 북촌을 쌀쌀거리네
여기저기 저기여기 갔던 길 다시 가고 또 가고
커피도 마시고 전화도 걸고 친구도 씹고 세상도 씹고
문학도 씹고 대가도 씹고 소가도 씹고 행인들 모르게
입속으로 우물거리며 걸어가네
사람은 악착같이 변하지 않네 변하는 것은 세월이지
정독도서관 앞에 나를 멈춘다
급조한 법정다큐를 조조할인으로 본 영화관이
눈앞에 있네 그때 관객은 딱 한 명, 나뿐이었음
화상의 무소유설법이 극장판으로 상연된 것
금년 가을 햇살 꽤 푸지네 맘에 막 달라붙네
손으로 그것을 뜯어내고 살갗에 다시 부비며
북촌 어딘가를 부지런히 기어가네
내 앞을 휙휙 지나가는 여자들
세상의 여자들은 이제 다 젊은 여자들이네
상상의 원천들이여 조금만 느리게 지나가시라

각본 연출 주연이 모두 한통속이었던 하루
북촌에서 가을을 다 살았네
나는 지금도 서촌으로 건너가고 있는 중이네

지금 뭐해?

당신은
뭐라고 대답하시나요?
간만에, 것두 전화 걸려 와서 다짜고짜
가슴팍에 찬 손 쑥 집어넣듯이 물어오면
해골 속 하얘지기 전에 얼른 말해버린다
전화 받고 있잖아
그거 말고 말할 게 없다는 말이다
당신이 묻는 순간 나의 모든 것은
불쌍하게도 어이없는 비밀에 휩싸인다
하품도 짜증도 번민도 구시렁거림도 페이스북도
사라진 초고도 에릭 홉스봄도 그의 필명 프랜시스 뉴턴도
오늘 영업 끝났음
골목 카페처럼 나는 급히 닫혀버린다
나의 최대 비밀은 내가 당신 앞에 살아 있다는 것
전화해서 따귀 치듯이 그렇게 물어주라, 가끔

개운사

개운사까지 갔다
대웅전 구석에서 본 부처는 고개를 수그리고
무얼 찾는 모습이다 아직 덜 찾은 게 있는 눈치
그래서겠지만 그가 낯설지 않았다
장면은 바뀌어서 광화문 교보문고
가을호 문예지는 표지만 보고 지나가다 뒷걸음질로
다시 왔다가 그러다가 서점을 나오니 빗방울
우산 없이 효자동 방면으로 다시 걸음새를 바꾸어서
가회동 쪽으로 걸어갔다
순전히 가격 때문에 집었다 놓아버린
마일스 데이비스 전집의 느낌을 빈손은 오래 기억하겠지
아직도 마음 간을 잘 못 맞추고 있으니 이거 큰일이야
빗방울 굵어져서 비 피할 생각도 들었지만
젖은 김에 더 젖어보려고 그냥 걸었다
배경음악은 없었다

한 편의 시

내가 쓴 시를 읽어보면 내 뜻대로 쓰인 시는
하나도 없다 누가 대신 썼다는 말이 아니다
첫 줄을 쓰고 나면 그 줄은 제 힘을 갖는다
고칠 수 없고 지울 수도 없다
참고 다음 줄을 묵묵히 두드린다
내가 쓴 말이 시를 끌고 간다
내가 끌려간다는 말도 된다
이게 나의 시였던 것
내가 시 한 편을 썼다는 것은
시 속에서 온갖 유혹과 쓰라림과 헷갈림과
한심함과 뒹굴며 살았다는 뜻이다
말을 고르고 문장을 만드는 일이 겁난다
내가 쓴 시에 서명하는 게 웃프다
내가 쓴 시 속에 내가 없다
시 속의 내가 나로 둔갑하기도 한다
미칠 노릇이 아닌가
시를 다 쓰면 시 앞에 묵념하고
시 몰래 나는 행간 밖으로 걸어나온다

또, 어디로 가야 하나

이 나이에 시에 속기는 싫다

시를 쓰면서 번번이 터득하는 쓸쓸함이다

시인은 어떻게 살아야 하나

파블로 카잘스는 아흔 다섯
하루 여섯 시간씩 활을 잡고 그었다고 전함
매일 조금씩 발전하는 느낌이 즐거웠다는데
그렇게까지 할 필요가 있었다니
다음 말은 생략
행갈이를 하면서 내용을 까먹었다
이 놀라운 망각의 속도!

스키를 타다가 팔을 다쳤을 때
그는 아주 기분 좋아했다고 한다
발전감을 즐기지 않아도 되었기 때문이었겠지

시인도 팔을 다칠 수 있지
시인은 어떻게 살아야 하나 생각 중
위층에서 누가 주저앉는 소리
심쿵 하고 울린다
시는 됐고!

하여간 그 사람은

그는 피아니스트이자 미식가다
술도 마시고 담배도 피우고 여자도 하고
자본이 넉넉한데 마약 유통에도 개입한다
준법을 위해서 미량의 불법성이 필요하다는 게
말하자면 그의 세계관이다
정치적으로 공산주의자였고
몸은 전신분열주의자였던 그 사람
모든 여자를 버렸고 동시에 모든 여자들에게
버림받았던 그 한 사람
로마연주회에서는 전날의 숙취로 잘못 짚은
건반이 수두룩했다는 공연평이 쏟아졌지만
그 순간마다 악보와 상관없는 아름다움이
객석을 뒤흔들었다는 사실은
음악적으로 해명하기 어려운 노릇이다
업계는 그날의 해장 연주를
다시없는 명연으로 기억한다
하여간 그 사람은

정라진항

제목을 먼저 찍었다
정라진에 갔었다는 뜻인지
가고 싶다는 뜻인지 손수 헷갈린다
정라진은 보나마나 정라진에 있을 것이고
고깃배들 들락날락 할 것이고
큰 배, 작은 배 중바다를 버티겠지
원을 그리다가 너무 세게 그려 항구 안까지
넘어왔다가 유턴하는 갈매기는 생각한다
내가 살짝 미쳤나봐
횟집 불빛 홍등가처럼 거나해도
밤바다는 외롭고 밤바다는 날마다 쓰리다
정라진에서 나는 인생을 반성한다
양호한 대목도 내친 김에 미리 반성해둔다
정라진에 가면 정라진말로 시를 좀 떠들자
갈매기에게 오징어에게 초고를 읽어주자
누가 보면 맛이 갔다고 할까 그런들 안 그런들
어떠냐 당신들이나 잘 하세요
그렇게 말하고 싶어도 이기려고 하지 말 것

사설시조 행간 같은 정라진 횟집 골목으로 들어서면
생몸으로 육박하는 절박한 냄새들
간결한 문체로 묻겠다
이건 누구의 것이더냐
제 리듬으로 삭고 썩고 사무치며 젓갈이 되어버린
외로운 항구 냄새는 몇 년산 향일까
눈감고 단전호흡 한번 한번 한번
딱 한번 삼척 정라진을 살고 간다

춘몽일장

들어라, 나는 오늘 내 꿈을 지운다
기억도 지우고 언어도 삭제한다
떨어지는 목련 소리에 잠을 깨듯
부스럭대며 삶에서 깨어나자 깨몽
팔만대장경 같은 마음속도 깨몽깨몽
나는 금세기에 가장 영향력 없는
위인으로 살았다
그중 잘한 일이다
타임지가 번외특집으로 발표할 내용이다
누군가 내 삶을 살고 간 봄 저녁
그분에게 합장
나는 이제 언어의 문밖을 나선다
거룩한 의미 따위여
차나 한 잔

하루하루

하루하루라 쓰고 잠시 망설였다
하루와 하루 사이를 띄울까 말까
그것으로 눈감고 묵상했다
하루와 하루 사이를 붙여쓰니 많은 것이
감춰져서 좋긴 하다
하루와 하루 사이는 심연이다
넓고 깊고 아득하고 누추해라
바람 불거나 눈 오고 비 온다
누구는 떠나고 누구는 돌아온다
들새는 깃털 남기고 허공으로 날아간다
웃음소리도 실제보다 크게 울린다
하루하루는 붙여쓰기로 한다
그것은 문법이 모르는 어떤 것이다

제2부 서로 사는 순간

가을 저녁의 시

치악산 바람계곡에서 돌아와
몰락한 잔반(殘班)처럼 앉아 저녁을 먹고
음악을 들어 말어
소설을 읽어 말어
ㅋㅋ 이건 다 지어본 말이고
이도저도 생략하고 그냥 앉아 있었다는 것
여덟 시가 지나가고 아홉 시가 지나가고
잡음 수준의 뉴스들 묻어서 지나가고
전화를 걸어 말어
창문을 열어 말어
그러는 사이 몸은 자정이다
덥썩, 나를 긍정해야 하는 이 시간에
몸 눕힐 체위를 못 찾고 서성대는 당신은 누구인가?
그러게 말이에요
누구긴 누구겠어요
잠시, 그대를 살다 간 인류겠지

철학 한 잔

심심한 저녁 너는 오지 않고
바람만 불다 그쳤다
지난밤 읽다 접어둔 시집이 밤사이
성숙해 보여 몸 그리운 남자처럼
몇 줄 더 읽었다
활자는 사라지고 여백만 성성한 책
모차르트를 듣다가 모차르트가 잡음이 되고
브람스를 듣다가 브람스가 잡음이 되고
빌 에반스는 듣지 않았는데 벌써 잡음이 된다
냉장고에서 찬물 한 잔 꺼내 마시고
몇 걸음 방 안을 산보하다가 너무
멀리 나가서 돌아오지 못한 채로
마침내 생각하게 되었다
인터넷에서 보았던 댓글 한 쪽
이 병신 같은 놈들아!
그 말에 온몸이 찌르르
TV철학자의 말씀이 아니라
무명을 후려치는 그 빳빳한 선언 때문에

물 한 잔 더 마셨다

왜?

그건 그렇고

편의점을 나서다가 수박 행상을 하는
金素月 시인을 만나 악수하고
서로 안부를 물었다
이혼하고 혼자 산다면서 자비로 출판한
시집을 내밀었다 금년도
창작지원금 신청에서는 떨어졌고
시인협회에서는 회비 미납으로 제명됐다면서
묻지 않은 말도 남겼다
대박은 그가 팔고 있는 수박보다
크고 아름답고 치욕스럽고
한편 이처럼 철없이 서글프다

봄 특집

장편의 겨울이 지나간 자리 꽃들 피었다
다 지나가지 못하고 버벅대는 겨울의
뒷자리에도 꽃들 피었다
올 겨울은 좀 싱거웠단 말이야
몸도 싱겁고 마음도 아픔도 닝닝했다는 말씀
일장춘몽의 한 장면을 싱싱한 허구로 틀어막기 위해
푸석한 몸에 봄을 섞고 눈치껏 문지른다

신림에서 한 뼘 들어간 산밑
시동 끄고 신경도 눌러놓고 앉아
아무 이론 없이 꿈자리를 들여다본다
작은 꽃들 이름 모르는 꽃들
숫제 이름 지운 꽃들
불러도 제 이름인 줄 모르는 꽃들
사랑스런 저 듣보잡들
다 이리 오시게
나 한번만 안아줘 봐!

초가을 개심사

심검당 마루에 걸터앉아서
무량수각 처마로 떨어지는 빗방울을 느낀다
여기까지 쓰고 앞을 다시 읽어본다
무엇이 빠진 듯하고
누군가 써먹은 문장 같기도 하다
—내가 써먹었나
아무려면 어떤가 하면서 다시 읽어보는데
마음 모서리가 좀 젖었다
대충 십여 년 만에 들른 절이다
늙어서 오니 구부러지고 삭은 기둥이 편하다
초가을 옆에서 기념사진은 생략한다
집 나와 집을 찾는 납자가 빗소리의 리듬에 맞춰
두드리는 목탁이 행인의 등도 두드린다
두드릴 목탁이 있다는 것은 좋은 일이다
한참 앉았는데 목구멍 속으로
국물 넘어가듯이
몇 날 며칠이 걸림 없이 후루룩 흘러갔다
ob–la–di, ob–la–da

시를 쓸 이유보다 쓰지 말아야 할 이유가
더 많다는 생각을 했던 날이다

밤

근착 계간지에서 시 일편을 읽었다
반쯤 읽다가 덮었다
재즈 몇 줄 읽다가 덮고 다시
피아노 몇 소절 듣다가 잠들기로 했다
그 짓도 실패하면
밤을
안주 삼아 노닥댈 수밖에 없다
이사도라 던컨처럼
파도로부터 시를 배우지 못한 시인은
점자(點字) 더듬듯 하루의 굴곡을 지나가야 한다

횡성휴게소

책을 집다가 내려놓는다
눌렀던 번호는 발신 버튼을 누르지 않고 만다
잘못 눌러서 지젝과 원치 않는 통화를 한 적도 있다
오늘 내가 했던 연기의 대본이다
항상 김종삼에 대해 궁금했지만
감히 그의 형 김종문에게 물어보지 못한 것들
컵휘나 한 잔 삼킬까
생각만 해도 완성되는 것들
지나가던 길고양이 낯선 표정을 풀고
다 환상이라고 수신호를 보내주면 좋으련만
여부가 있을라고요
다시 책을 집는 척하다가 그만둔다
요즘 지젝은 뭐하시나

단지, 그렇다구요

유엔 사무총장보다 한참 멋져 보이는
시인협회 사무총장의 지시로
(월급 같은 것은 없겠지만)
동대문역사문화공원에서 시낭송을 했다
사람들 구름처럼 모여들었다
주최 측도 뜻밖의 인파에 당황했다
사정이 그랬다면 좋았겠으나 야외무대에 올라보니
객석에는 연애 중인 대학생 커플이 전부였던 것
하여간 어쨌거나 때마침 하늘을 물들인
노을을 쳐다보며 시를 읽었던가

세월은 덧없이 흘러 몇 년 후
책에서 읽었다
드러머 아트 블레이키가 재즈 메신저스를 이끌고
서울공연에 나섰을 때 시민회관 넓은 객석은
앞줄만 차고 텅텅 비었다는 후일담
1967년의 일이다

>

그래서? 라고 물으신다면 조용히
나에게만 들릴락말락하게 대답하겠지요
단지, 그렇다구요

파도 칠 때마다

동해휴게소 전망대에 섰다
비상근무 중인 수평선을 바라보며
나 오늘 여기 봉두난발로 지나간다
괜히 이 시를 읽고 있을 당신
이런 시가 있는지도 모르고 살아갈
당신들에게 조용히 감사할 뿐이다
내가 쓰는 한 줄의 시가 나 자신도
위로하지 못한다는 것
그럴 때마다 나는 바다로 간다네
내 속의 한 생각을 버리고 돌아설 때마다
한 줄의 시가 따라왔다네
가여워라 멋모르고 지나간 생이여

안인진에서

나 시집 몇 권 냈지?
그때마다 헷갈린다
뭐 먹고 살 거라고 그렇게 매달렸던가
시는 있지만 시는 각자의 신기루일 뿐
살 날이 많지 않을 때에 이르면 시는 더 이상
시가 아니라 일말의 가설에 불과하다
불콰하다로 읽어도 달라지는 건 없다
개똥인문학으로 적자면
사는 것은 헛사는 것이다
안인진 파도 갈피에서 방황하고 있는
붉은색 수신호 같은 작은 등대 관찰
손 흔들어줬음
끝까지 방황하라 더 방황하라
끝은 없다

그건 그렇고

꿈을 수선하다가 잠들었는데
누가 문을 두드렸다 나가보니 생전
본 적 없는 웬 벙거지
시인학교 교장 김종삼 선생이 돈을 좀
빌리러 왔다며 손을 내밀고 서 있다

등 뒤로 가랑비

시 같은 소리

여북하면 시 쓰겠어요
툭 하면 쓰고 시집 내고 그러지 마세요
그러는 게 아니더라구요
쓰지 않고는 견딜 수 없다고 하지 마요
잘 쓰려고 애쓴 시 읽으면 측은하지요
고생이 많으시구나
이렇게까지 할 필요가 있나
시를 쓰는 사람보다 심심하게
시 한 줄을 살아가는 사람 보기에 좋지요
아파트 길목에 생긴 포장마차 주인 부부
이렇다 할 메뉴도 없이 솥에 오뎅을 끓이며
퇴근 무렵이면 뜨거운 김을 만들어내지요
늦은 밤까지 자영업자가 끄지 못한 불빛
보는 사람 있을라나
지금까지
시 같은 소리였어요

남원주 실황
—나의 은둔팬클럽 간사에게

낮엔 젊은 거장 피아니스트 손열음의
긴 인터뷰를 찾아 읽으면서 하루를 살았다
건반을 짚고 있는 열음이의 힘 있는 손가락
흰 뼈들이 보였다
밤엔 아마드 자말의 빠리 실황에 잠겼다
'어톰 리브스' 십 분이 넘는 연주다
1996년 실황이다 박수 소리가 어젯밤 강원도
빗소리 같다 창틀을 짚고 섰던 나
무엇을 생각했던가
손바닥을 때리던 초여름 빗방울
꿈은 흐려졌고 몸이 선명해졌다
내 책 출판기념회라고 모였던 몇 사람

찰리 헤이든, 빌리 할러데이, 처음 한국에 들렀다는 무라카미 하루키, 캐넌볼 아델리, 단골 미용실 원장, 취해서 들른 찰리 파커, 며칠 전 영면한 오넷 콜맨, 위화, 한대수, 김추자, 집을 못 찾고 되돌아간 찰스 부코스키도 있다. 그는 말했다. 이런 씨방새들.

손열음은 데이트 중이라고 문자만 왔다

그랬으면 좋겠다는 말은 아니지만
이런 구라를 구라로 새겨 달라

나는 웃고 있네

어디서 생겼는지 한 무리의 바람이
쌩하게 불어가면서 나뭇잎 하나를 때린다
아직 이르다고 생각하던 나뭇잎이 자기도 모르게
바람에 쓸려가는 중
수타사 입구를 지키는 가을을 비켜서서
눈에 덜 띄는 부도행렬처럼
죽어서도 저렇게 엄숙히 서 있어야 하다니
눈치 없는 나뭇잎이 부도 위에 얹혔다
조용, 조용히
좋은 시라면 이 근처쯤에서는 독자들이
밑줄 그을 만한 문장 하나는 감춰둬야 하는데
이 시는 그것 없이 맹탕으로 지나간다
속이는 척하다가 속이지 못하고
나만 속아버리면서 나를 향해 웃을 때
잡목림으로 사라져버린 바람의 흔적에 기대어
알 듯 말 듯하게 서 있는 중

슬픔이라는 노동

1월 1일은 때 묻히기 뭣해
살지 않고 그냥 두기로 하고
내외하듯 촌스럽게 멀찍이서 바라만 본다
부지런히 몸 움직여서 도착하면
거기가 어디건 기다리는 건 슬픔이다
오랜만에 만난 사람의 옷깃에도
은은한 슬픔이 묻어난다
편의점에 24시간 진열된 슬픔
원 플러스 원으로 들고 올 때도 있다
고층집 서랍에는 남모르게
수납된 슬픔이 꽤 있다 오늘 같은 날
열어서 재고를 헤아려보고
손끝으로 감각해도 좋겠다
뜯지 않은 새해를 선반에 얹어놓고
내게 연하장을 쓴다
새해 복 많이 받으시오

맹방

맹방이 어디지? 나도 잘 모르겠다
오늘은 그 옆을 지나간다 7번 국도, 국도
삼척 지나고 또 한참 더 지나가서
너무 갔다 싶을 때 돌아보고 싶은 곳
망각처럼 이어지는 바닷길은 거짓말이고
나는 지금 대략 정신을 쥐어짜는 한여름을
차에 싣고 동해안을 흘러간다
– 시 쓰러 가시는구나, 좋겠다
= 시 쓰지 않으려고 가는데요
파도는 해변에 전생을 왈칵 쏟아놓고
돌아가지 못한 채 거기 자기를 묻었다
파도의 묘비는 읽지 마라!
죽변쯤 가서 붉은 대게의 속살을 만지고 싶다
배를 몰고 나가 서너 마리 현학적으로 생겨먹은
대게를 잡아보는 것이 옳겠다
– 아저씨, 물러서세요
큰 파도가 달려들어 내 살을 물고 있다
하마터면 파도의 몸을 깨물어버릴 뻔했다

– 젊은이, 진짜 맹방은 어디 있는가?

= 여기가 거긴데요

– 이 사람아, 여기 말고

찌그러지는 연습

의미의 샛길에서 나는 저물었다
동아일보사 구성지국장 김소월도 만나고
그의 동호인들도 만날 만큼 만나봤다
그가 한국시의 안부를 묻길래
잘 모른다고 대답해줬다
소월은 서운한 얼굴로 자신이 찍은
산유화를 폰으로 보내왔다
저만치 혼자 찌그러져 있으라
뭐 그런 메시지인가

나 역시 위대하고 크고 오래된 눈물이 좋다
어디서 읽었는지는 모르겠다 검색은 생략
추측건대 듀크 엘링턴인 듯
아니어도 강호제현의 양해 있으시기를
인생이 인생이라는 말에 있지 않듯
내 눈물은 눈물 속에 없을 것
관념에 물들지 않고 가치에 종속되지 않고
그렇게 찌그러지면 된다, 되겠지

저기 한 사람

그래도 저기 한 사람은 우리의 음악을
열심히 듣고 있어요 열심히 합시다
색소폰 주자 애릭 돌피가 연주를 방해한 취객과
한판 붙으려는 베이시스트
찰스 밍거스에게 했다는 귓속말이다

재즈 피아노의 시인 빌 에반스는 연주 도중
자신과 피아노 건반 사이로 술꾼이 지나가는
사건도 겪었다는 기록을 읽는다 이런 열여덟
열아홉 스물 스물하나 스물둘

가끔 어쩌다 부득부득 떠오르는 말이다
오직 한 사람을 상상하며
시를 쓰는 것도 꿈이요
때론 슬픈 힘이렷다
열심히 합시다

오래된 잡지

화장실이 급해 들어섰던 카페
말이 카페다
책 몇 권 꽂아놓고 테이블 서너 개 두고
장사하는 집이다 말이 장사다
주문한 녹차가 나오는 동안 실내를 돌아본다
이제는 손 뗀 문학도의 서가를 대강 뜯어온 듯
시집 몇 권, 잡지 몇 권, 지젝의 데뷔작도 있고
시창작개론도 보인다
다들 힘이 빠진 포즈들이다
(책 주인이 누구냐고 묻지 않는 것은
항상 올바른 예의범절이다)
녹차만 마시고 나오려고 했는데
좀 더 앉아 있었다
1972년판 『창작과비평』 봄호를 만지다가
내 나이 스물에 나온 잡지가 독거노인처럼
꽂혀 있음에 마음 좀 그랬다
너무 오래된 잡지
못 볼 것 본 듯 천천히 일어섰다

문을 여니 기다렸던 바깥이 확 달려든다
삶이란 무엇인가

겨울 햇살 한 줌 쥐었다 놓기

바흐의 무반주 첼로 모음곡
반주가 없으니 아무 때나 어디서나
연주할 수 있다는 뜻도 되겠지만
이 곡은 한 첼리스트의 버킷 리스트였던 것
프랑스 파리에서 400킬로 떨어진 시골을 지나가던
로스트로포비치는 이곳이 무반주곡을 녹음하기 위해
일생을 기다려온 장소라고 찍었다는군
900년 된 작은 시골 성당
풍수원성당은 아니었겠지만
먼지 사이에 숨었던 햇살도 바빴으리
그는 64세에 마침내 전곡 녹음을 남겼다
그의 이름이 끝내 무반주 첼로 조곡 같다고 믿었던
나의 편견을 천천히 납득하면서
나를 찾아온 겨울 햇살 한 줌 쥐었다가 놓는다

아무 일도 없어요

아무 일도 없어요
심심할 때 전화주세요
모르긴 해도 나도 심심할 거예요
24시간 편의점처럼 환하게 앉아 견딜 수 없어
조명은 좀 죽이고, 마음의 볼륨도 줄이고 나면
그때쯤 꼭 누군가 남더라구요
그게 당신이냐고 묻지는 않으시는군요
내가 동경한 사람은 당신이었는데
내게 오는 사람은 당신이 아니더군요
시장님이 퇴근한 시청로를 걸어가면서
흥얼거린 스캣은 입때 재생되지 않더라구요
빈 잔에 술 따르듯이 그런 속도로
살아가기로 마음먹었어요
뭐가 문제겠어요

그래도 좋다

점심 먹으러 가던 길
(마음만 볶아먹을 수 없어
매일 점심 먹는다)
유월 말의 맑은 땡볕 속으로
오직 예수, 깃발을 쳐든 남자가
당당하게 쳐들어가고 있다
좋다
저런 깃발주의가 부럽다기보다
아무도 주목하지 않는 대낮의 균형이 부럽다
그래도 좋다

나는 웃고 있네 속편

가을에는 공작산 수타사에 가지 마실 것
단풍도 볼 것 없고
흐르는지 마는지 저도 모르는 계곡물도 작년과 다름없고
절집은 2년 전과 똑같고 스님도 인사이동이 없었으며
스님의 목탁 리듬도 달라진 게 없었다
일주문 밖에 밀려나와 눈에 잘 띄지 않는 부도도
세어보았는데 2년 전인가 3년 전인가와 같았다니까
이거야 원
산문을 벗어나던 영가도 못 믿겠다는 듯이 고개를 돌려본다
그러려니 하고 가시면 좀 덜 서운하시려나

별다른 일 없다

별다른 일 없다
그게 별다르다면 별다르다
미끄러운 길을 걸어가서 저녁을 먹었고
돌아올 때는 넘어질 뻔하면서 허공을 붙잡았다
허공도 힘이 있었다
지인이 준 팥죽을 맛보며 할머니 생각났다
쓸데없는 생각
머리말에는 읽으려고 워밍업 중인 책
아직 펼치지 못하고 있다
미안하다
읽지 않고도 읽은 듯한 책이 있고
읽었는데 읽지 않은 듯한 책도 있다
살았는데 살지 않은 듯한 이 기분
레이 브라운 트리오의 캐롤도 공양했다
볼륨을 몇 칸 더 올렸다
별 생각 없이 뒤척이다가 잠들었다
꿈속에서 나는 손을 호호 불며 펜을 잡고
편지를 쓰고 있었다

첫 줄

사랑하는 뭇 별들에게

서로 사는 순간

내년이면 세수 구십인 아버지가
파리채로 거실 바닥을 내리친다
파리 한 명*을 놓치고 웃는다
서로 사는 순간이다

---

* '파리 한 명'은 이승훈의 시 「파리」에서 표절함.

보헤미안 비스름하게 살지 못한 죄

밤이면 어딘가를 긁어, 거기가 허벅지인지
등 저 안쪽인지 궁금하지는 않지만 내게는 거기가
닿을 수 없는 허공이라 생각하지
예순이 넘어서 쿠데타를 꿈꾸고 있는
사촌에게 진정하라고 편지한다
사랑도 혁명도 시도 음악도 다
좌판에서 팔리고 있는 나라
나의 사랑하는 조국
누구처럼 보헤미안 비스름하게 살지 못하고
밥에 열중하며 살아가는 밤
밤
밤
밤으로 들어가는 입구
피다 만 목련 가지에 걸린 알토 소프라노
전신이 희고 희다
삶이란 무엇인가

나의 훗날

레이 브라운 트리오의 1985년 녹음
〈Take the 'A' Train〉
할렘으로 가는 기차 정도로 번역되는 모양

피아노와 드럼과 베이스와 겨울밤이
서로의 살에 혀를 묻고 지나가는
깊은 스윙을 다시 듣고 싶을 것이다

레이는 재즈가 시들해지자 고향으로 돌아가 버린
피아니스트 진 해리스를 찾아가 등을 두드리며 꼬셔서
이 곡을 녹음했다는 전설이 남아 있다
남의 등은 조심히 두드려야 한다

이건 시가 아니지만
기억을 믿을 수 없어 시집 속에 보관한다

무릉을 지나가며

우연이라 쓴다
생각 놓고 갔으니 우연이겠지
무뚝뚝한 산에 머리 문지르며 흘러가노라
고쳐 쓴다 흘러가 보노라
가슴 아팠던 시인이 폐를 씻으며 살았던 마을
덜 여문 햇살이 한 잎의 시처럼 부서진다
바람도 무념무상의 리듬으로 불어간다
세검정 잡지사에서 시인의 몸을 처음 본 그 후
그 후는 나의 세월도 어떤 방식으로 지나갔는지
정신없다 시인이 마음 흩뿌렸을 허공
이쯤일까 저쯤일까 누군가 살고 갔다는 것은
뜬소문일지도 모른다
그가 썼던 시집의 표지가 무릉리
바람에 펄럭 펄럭인다 시여 펄럭여라
무릉을 지나가면서 나는
나의 뜬소문을 통과한다

그러던 어느 날

길을 나선다
망초 시든 들길을 지나
경박한 결론을 따라가면서 나는 웃는다
희게 바랜 웃음 한 송이 꺾어
책상에 올려놓는다
목마를 때마다
한 눈씩
나 같은 사람 와서 같이 봐도 좋다
이게 무슨 뜻이야?
생각하는 당신은 말에 속고 있다
나도 즐겁게 속을 뿐이다
늘 또는 언제나
지금은 옳고 그때도 옳다

마지막 사랑

잘 살거라
불기 2558년
여래는 잠시 네 몸을 살고 간다
凡所有相 皆是虛妄
한글로 다시 읽어보아라
범소유상 개시허망
잘 읽었다
이번에는 읽는다는 생각 없이 읽어보아라
범소유상 개시허망
뜻까지 새길 일은 아니다
뜻은 이미 그대를 새기고 갔다
나를 누설하지 마라
이것이 내가 그대에게 남기는 마지막 사랑이다

더 끝났다

다는 종결어미
모든 어미는 존재의 슬픔이 정거하는 장소
구스타프 말러가 유럽을 버리고 뉴욕행 기차에 올랐을 때
또 하나의 구스타프 클림트가 말했다
다 끝났다고
유럽 음악은 그렇게 끝나고 다시 시작했다
자세한 건 본인도 모르겠다
아주 종쳤다고 말하기 뭣해서 얼버무린다
한국시는 더 끝났다
그러나가 아니라 그래서 이후에 나는 쓴다
한국시를 위해서가 아니라
다 끝났다는 어미 다에 이르기 위해
나는 자판을 두드린다
이게 다다, 다

한 잔 더

창밖은 안개 11월
지나가는 사람은 다 지나갔다
안개는 시청 앞 재즈공원의 색소포니스트를
눈물겹게 감추고 있을 거다 가만있어 연주는 끝났어
인생은 한 편의 추리소설이라고 떠들던
충무로의 젊은 철학자는 쓸데없이 잘생겼다
입동과 소설 사이를 나는 지나간다
지난주 원주 민예총에서 엉성한 스피치를 마치고
강연장 계단을 내려올 때 들이치던 비바람
맨몸이 번쩍 일어섰다 아직도 서는 게 있군
왜 내가 뱉은 말을 내가 집어먹고 있느냐
그것이 그날 나의 주제였다
추가 밥 시키듯이 돌아간 사람들 되불러놓고
했던 말을 반납 받고 싶어 정신이 근질거린다
이제 버릴 게 없어 없는 것을 버려야 할 시간
그때마다 비 젖은 입 열어 말하게 될 거다
한 잔 더

저 한국문학사

빈 소년합창단 신년음악회 포스터가 붙은
노원문화예술관 앞을 지나가면서 이미
공연이 지나갔음을 몸이 먼저 본다
한순간도 들어가보지 못한
저 한국문학사의 입구 넓은 외음부 주변에서
야밤에 나는 내게 있어야 할 무엇을 검색한다
시집 보내도 회신 한 자 없고 선배도 후배도
생을 까버리는 이 바닥은 고적하고 화려한 사막이다
원고료는 정기구독으로 돌리겠습니다
시 두 편 값을 기술적으로 쓱싹하는 계간지
오죽하면 저러겠는가 싶은 저 한국문학사
중계동 은행사거리 오뎅 아저씨한테
오아시스 가는 마을버스 노선을 물었다
청탁 없어도 꿋꿋이 쓰는 것
서평 한 줄 없어도 쓰는 것
저 한국문학사의 외설을 지우는 길이라 해도
그건 온몸으로 슬쩍 미친 짓
김해경이 통인동에서 쳐다본 하늘도 있고

김유정이 누워서 권련 피우던 공중도 남아 있는 한
자기들끼리 이불 쓰고 헐떡거리는 저 한국문학사
나는 동의하지 않는다

해설

언어의 문밖으로 떠나는 詩

강경희 · 문학평론가

의미의 탈주(脫走)

매순간 시야(視野)에 감지되는 것을 좇는 일이란 얼마나 고역인가? 오감을 열어놓고 시간의 결에 새겨진 대상을 인지(認知)하는 것, 예술가가 지닌 감각의 촉수는 축복인 동시에 형벌이다. 시인은 자신의 촉수에 닿은 내적 형질을 시적 오브제로 투영시킨다. 그리고 문자로 치환된 세계가 구성된다. 하나의 '구성'에서 하나의 '제조'가 탄생한다. 이처럼 '쓴다'는 행위는 촘촘한 성찰이 빚어낸 '제작의 완성'이다. 어느새 보고 느꼈던 세계는 의식의 그물을 통과함으로써 시적 언어로 탈바꿈한다.

세계라는 '원본(原本)'을 '해독'하는 일, 언어로 그 '요체'를 적시(摘示)하는 일, 그 탈바꿈을 숙명처럼 받아들이는 일, 박세현의 시는 이러한 '일'로부터 자신을 끊임없이 밀어낸다. '의미'에 포획되려는 순간 튕겨 나가고, '해석'의 도마에 오르려는 순간 도망친다. 박세현의 이번 시집은 의미와 해석으로부터 끊임없이 탈각하려는 결별의 사인(sign)들로 가득하다. 그것은 가히 의식적이라 할 만큼 반복된다.

말줄임표처럼
뭔가 안다는 생각을 줄이면서
줄이다가 지치면 마음조각은
허공에 묻어도 좋겠소

—「작자 미상」 부분

– 시집 읽었어요 그건 대략 시가 아니더군요
= 시가 뭔데
– 그냥 적당히 꼴리는 대로 쓰세요
= ㅁ

—「통영횟집을 나오면서」 부분

"뭔가 안다는 생각을 줄이"는 의식적 거부는 '앎'이 피로이자 '무상(無常)'일 수 있음을 반영한다. "생각"은 의도적 개입이다. 개입은 세계를 해석하려는 욕망을 산출한다. 때문에 해석하는 순간 세계는 해부된다. 세계의 해부란 일종의 도륙(屠戮)이다. 세계가 '텍스트'가 되는 순간 도륙의 행위는 상정된 것이다. 그것이 설사 아름다운 질서로 재현되든, 처참한 형상으로 짓이겨지든 파괴적 가담은 내정된 것이다. 박세현은 세계를 마침표로 귀결시키려는 주체의 헛된 욕망에 제동을 건다. 결국 시란 미제(未濟)로 남겨질 수밖에 없다는 것이다. 그럼에도 불구하고 시인이란 존재는 완성을 위한 미완성의 종착역을 향한다. 박세현은 이러한 자기완결성의 집착으로부터 벗어나고자 한다. 시의 현현(玄玄)은 때로는 "마음조각" "허공에 묻어"두는 것이며, 혹은 "그냥 적당히 꼴리는 대로" '내버려 둠'에 자신을 맡기는 행위라 말한다.

> 시는 설명할 수 없어야 시다
> 설명된다 해도 그건 설명이 아니라
> 설명하기 전의 다급이나 설명의 뒤끝이다
> 시는 설명이 아니다
> 시가 설명이라면 나는 시를 놓겠다
>
> —「시는 설명이 아니다」 부분

"시는 설명이 아니다"라는 명제는 박세현의 생각을 단적으로 보여준다. "설명"은 '의미화'를 위한 작업이다. '이해'를 위해 '의미'가 수반된다는 사실을 사람들은 당연하게 받아들인다. 이해를 위한 의미화, 의미를 위한 확증의 알리바이로 '설명'은 사용된다. 결국 '시=설명'이라는 이상한 등식이 성립한다. 설명을 위해 시를 헌납하는 문학 행위는 결국 '인식'이라는 질병에 시를 가두려는 지식인의 습성에 기인한 것이다. '해석으로의 시' '설명으로의 시'란 '인식'의 프리즘이 만들어낸 논리의 덫이다. 시가 의미 밖으로 한 치도 나아갈 수 없는 '인식'의 포로일 때, 시는 더 이상 시적인 것이 될 수 없다. "시가 설명이라면 나는 시를 놓겠다"라는 선언은 때문에 시에 대한 의미심장한 자기반성을 반증한다. 해석의 문법에 갇히지 않으려는 고투는 결국 '시'를 쓰는 행위와 그것을 읽는 본질이 무엇인지 묻는 것이다. "설명하기 전의 다급"과 "설명의 뒤끝"은 스스로 인지의 세계에 함몰되지 않으려는 몸짓을 보여준다.

일상의 선회(旋回)

그렇다면 박세현은 왜 이렇게 의미의 체제 밖으로 탈주하고자 할까? "머릿속까지 반납하고 싶어" "아무래도 골통을 싹 비워내고 싶어서"(「중앙도서관—나를 위한 헌시」)? "밤늦게까지 한국문학에 종사하"는 직업에 대한 피로와 염증 때문에? "조금씩 초과하"(「다들 제자리에 있다」)는 의식의 과부하를 제어하기 위해서? 물론 그럴 수 있다. "살아보려고 지방대학에 이력서 제출/갓 마흔에 원주에 와 국어를 가르쳤다/논문도 쓰고 시도 막 가르치고 겁이 없었어/이젠 약아졌고 힘 빠져 시 얘기는 꺼내지 않는다/나도 살아야지"(「나의 마흔, 봄」)처럼 자기고백의 이력은 "삶이 곧 생계"였다는 피로와 연민이 누적되어 있다. 하지만 이 연민의 뿌리는 후회와 회의의 심정으로 읽히지 않는다. 오히려 의미에 사로잡혀 해석에 집착했던 관념의 문학으로부터 자기 전환을 모색하는 새로운 선회(旋回)라 할 수 있다.

자정이 넘어 뭔가는 조금 포기하고
꼰대의 걸음으로 남원주의 한순간을 걸어가신다
자기 시대가 통째 사라졌다는 팩트를 곱씹으며
불 꺼진 닭집 앞을 지나가는 장면을
아스토르 피아졸라 버전으로 번안하자면
0시의 부에노스아이레스가 될 것이다
계륵 같은 번민으로부터 나는 퇴근하는 중이다

—「0시의 부에노스아이레스」 부분

빽빽한 하루를 "자정"까지 지켜내는 일상의 피로로부터 화자는 "뭔가는 조금 포기"한다고 말한다. 이는 "자기 시대가 통째 사라졌다는 팩트"에 대한 눈물겨운 안타까움을 내포한다. 그런데 이러한 "팩트"가 오히려 "계륵 같은 번민으로부터" "나"를 "퇴근"시킨다. 곤두섬으로 삶을 지탱하는 것이 아니라, 집착과 견딤의 간절함에서 해방되는 것이다. "포기"라는 '던져버림'에서 "0시의 부에노스아이레스"가 시작된다. 이는 새로운 존재 전환의 지점이다. "이 잡듯 꼼꼼히 사는 사람들/헛산다는 거/우리 동의했잖아요"(「내 시 어떤가요」)라는 말처럼 화자는 "꼼꼼"하게 직조된 삶의 정밀한 규칙에서 벗어난다. 정교하게 구획된 시곗바늘의 시간에서 "0"시로의 전환은 숫자판 밖으로 튕겨나가는 "한순간"이다. 그 "불 꺼진" 세계에 "피아졸라"의 "탱고"가 흐른다. '탱고'는 넘실거림이며 율동이며 꿈틀거림이다. 질서정연하게 정리된 논리가 아닌 비논리의 파격이다. 자기 규율과 통제를 강요하는 이성과 규칙의 시간으로부터 전율과 출렁거림이 요동치는 감성의 시간에 스스로를 맡긴다. 박세현은 이 출몰하는 시원적 뒤틀림에서 새로운 시적 감성과 대면한다.

박세현은 의도적으로 시적 은유로부터 스스로를 소격(疏隔)시킨다. 이는 수사(修辭)로의 형상에 매몰되지 않으려는 다분히 의식적인 작업이다. 은유의 지향은 본질적으로 정교하게 세공된 의미론적 고착을 동반한다. 고착은 사유를 고정시키고, 시인이 유도한 의미로 독자의 의식을 종용하게 만든다. 박세현은 이러한 익숙한 시적 논리를 부정한다. 은유에 대한 철저한 자기 방어와 배제의 방식은 의미론적 개념을 산포시킨다. 박세현의 시는 대상을 묘사하는 이미지의 의식적 활동을 거세함으로써 기존의 시적 감상을 허용하지 않으려 한다. 때문에 그의 시는 형상화의 관념을 기대하는 독자를 실패하게 만든다. 이 의도된 실패에 박세현의 시적 전략이 내장되어 있다.

> 이번에는 읽는다는 생각 없이 읽어보아라
> 범소유상 개시허망
> 뜻까지 새길 일은 아니다
> 뜻은 이미 그대를 새기고 갔다
> 나를 누설하지 마라
> 이것이 내가 그대에게 남기는 마지막 사랑이다
>
> —「마지막 사랑」 부분

친절하게도 그는 자신의 시적 전략을 상세히 알려준다. "읽는다는 생각 없이 읽어보아라" "뜻까지 새길 일은 아니다" "뜻은 이미 그대를 새기고 갔다"라는 문장처럼 박세현은 자신의 시가 "범소유상 개시허망"을 지향하고 있음을 드러낸다. 이는 '형상'의 '허망'에 대한 '가르침'과 '깨달음'을 전달하려는 일갈이 아니다. 오히려 '형상'에 포획되지 않으려는 시인의 시적 고뇌를 보여주는 진언(盡言)에 가깝다. "더 깊고 넓어진 시를 보면서 당신도 나처럼/허공을 연구하고 있다는 생각이 들었습니다/시를 걱정하다가 잠 놓치기도 합니다"(「별일 없음」)라는 말처럼 그는 "허공을 연구"하고 "시를 걱정"한다. 이 "별일 없음"이 실은 그의 "별일"이며 고통의 반어적 제스처다.

형상에 잡히지 않는 팽팽한 감성으로 "세상 모든 생각을 끄고"(「그런 게 있다」) "몇 달치 침묵"(「경주를 떠올리는 방식」)을 용해해, 누구의 문법에도 길들여지지 않는 "악보에 없는 밤"(「악보에 없는 밤」)을 연주하는 일이야말로 그가 지향하는 시의 본질이다.

과연 무형(無形)의 언어를 노래하는 것이 가능한가? 언어는 의미의 세계로부터 결코 자유로울 수 없다. 하지만 적어도 박세현은 관습화된 방법에 기대어 시적 언어를 장착하고 배열하는 것을 지양한다. 이는 박세현의 기질엔 용납하기 어려운 방식인 듯하다. 즉 모방의 재현인 통념으로 세계를 번역하고 해독하는 것을 멀리한다. '말하는 것'이 '무엇'이다가 아니라 '무엇'이 스스로 '발현'하는 '감지의 정서', 그 자체를 체현하는 것이 박세현 시작(詩作)의 목표이다. 따라서 그의 시는 형상의 묘사에 집중하기보다는 시의 발생학적 거처에 주목한다.

출렁이는 유랑(流浪)

나는 전생에 등짐장수였나봐
등은 없고 짐만 있거나
짐은 없고 벌건 등만 있거나 말거나
대관령 넘고 나면 나는 다른 인간이다
나는 누구인가
관심없다

—「나는 누구인가」 부분

"나는 누구인가"라는 존재론적 물음은 "나"를 규명하는 철학적 성찰이다. 그런데 "관심없다"라며 그는 자신에 대한 성찰의 모색을 방임해 버린다. 이 자기 방임은 역설적이게도 "나는 다른 인간"이 될 수 있는, 혹은 되어야 하는 방법론을 제시한다. 즉 이전과 "다른 인간"이 되는 것은 "떠돎"을 통해 가능하다. "대관령"은 화자에게 바라봄의 '령(嶺)'이 아니라, 몸으로 부딪치는 유랑(流浪)의 지대이다. 떠돎의 의식은 '정주'가 아닌 '표류'이다. 말 그대로 '정처 없이 흘러감'이다. 이 유동(流動)의 세계에 시인은 거주한다.

내가 쓰는 한 줄의 시가 나 자신도
위로하지 못한다는 것
그럴 때마다 나는 바다로 간다네
내 속의 한 생각을 버리고 돌아설 때마다
한 줄의 시가 따라왔다네

—「파도 칠 때마다」 부분

"생각을 버리고 돌아설 때마다/한 줄의 시가 따라왔다네"라는 진술처럼 "생각"으로부터 그는 도망친다. 직조된 문장의 감옥에서 스스로를 구원하는 길은 '떠남'이며 '돌아섬'이다. 생각의 현실에서 "세상 너머/거대한 비현실"(「거대한 비현실」)의 통로로 이행할 때 "한 줄의 시"가 오는 것이다. '내가 가야 시가 온다' 는 원리는 너무나 단순하다. 하지만 이 간단한 작용과 반작용의 이치는 쉽지 않은 길이다. 삶에 대한 모험과 충동, 그 위험한 지대로의 여행이 고단한 여정임을 누구도 부인할 수 없다.

박세현의 시집 도처에는 떠돎의 흔적이 가득하다. "우산 없이 효자동 방면으로 다시 걸음새를 바꾸어서/가회동 쪽으로 걸어갔다"(「개운사」), "정라진 횟집 골목으로 들어서면/생몸으로 육박하는 절박한 냄새들"(「정라진항」), "치악산 바람 계곡에서 돌아와/몰락한 잔반(殘班)처럼 앉아 저녁을 먹고"(「가을 저녁의 시」), "심검당 마루에 걸터앉아서/무량수각 처마로 떨어지는 빗방울을 느낀다"(「초가을 개심사」)라는 구절처럼 박세현은 걷고, 먹고, 냄새 맡고, 느끼며 세상의 호흡에 자신의 숨결을 섞는다. "몇 날 며칠이 걸림 없이 후루룩 흘러"(「초가을 개심사」)가는 이 유랑의 미적 교감이 체감되는 순간 그는 '다른 인간'이 될 수 있다고 믿는다. 시적 포만에 도달하려면 "왠지 푸른 트럼펫 한 구절에 걸음을 맡기고/서가식동가숙하며 하룻밤을 건너가"(「생거짓말」)는 떠돎에 몸을 맡겨야 한다. 흘러감이란 매순간 낯선 세계로의 이동이자 모험이다. 텍스트의 배후에 존재하는 언어 밖으로의 유랑은 고통과 좌절을 안겨줄 수 있는 난제의 코스이기도 하다.

문자로 해독된 세계에 안주하지 않고 텍스트를 넘어선 유랑을 선택하면서 시인은 음악을 친구로 삼는다. 박세현의 시에 '음악'의 표상들이 표출되는 것은 떠돎의 발걸음을 재촉하는 일종의 신호음이기도 하다. 음악은 시간의 이동에 몸을 맡기는 행위이다. 음의 영역은 소리가 되어 의미를 산화시켜버리는 속성을 지닌다. 즉 음악은 감각에 종사함으로써 문자화된 의미로 환원되는 의식을 방해한다. "범종 사이로 톡톡 튀는 빗방울"(「청명」), "하프시코드/바흐"(「그건 그렇고」), "파블로 카잘스"의 "여섯 시간"의 "활"(「시인은 어떻게 살아야 하나」)의 "선율"은 모두 박세현이 자신의 은밀한 내면과 조우하는 리듬의 시간이다.

시인은 "악보와 상관없는 아름다움"(「하여간 그 사람은」)처럼 텍스트 밖으로 자신을 떠민다. 이성의 누수(漏水)를 통해 세계의 자유와 교감하는 것, "악보"에 매이지 않는 정서에 출렁거림에 자신을 의탁한다. 숨통을 조이는 이성의 압박을 지우려는 행위, 자유로운 감성으로 자신의 정서를 실어 나르는 언어, 빈약한 개념에 정복되지 않으려는 의지, 거대한 의미로 덧씌워진 시의 성채를 그는 부수고 또 부수려 한다.

> 내가 쓴 시를 읽어보면 내 뜻대로 쓰인 시는
> 하나도 없다 누가 대신 썼다는 말이 아니다
> 첫 줄을 쓰고 나면 그 줄은 제 힘을 갖는다
> 고칠 수 없고 지울 수도 없다
> 참고 다음 줄을 묵묵히 두드린다
> 내가 쓴 말이 시를 끌고 간다
> 내가 끌려간다는 말도 된다
> 이게 나의 시였던 것
> 내가 시 한 편을 썼다는 것은
> 시 속에서 온갖 유혹과 쓰라림과 헷갈림과
> 한심함과 뒹굴며 살았다는 뜻이다
>
> —「한 편의 시」 부분

"온갖 유혹과 쓰라림과 헷갈림", "한심함과 뒹굴며 살" 때 "한 편의 시"가 완성된다. 시를 쓰는 '힘'은 "말이 시를 끌고"

가는 것이자, "내가 끌려"가는 것이다. 계획과 의지로 써지는 시로부터 '놂'의 '매혹'으로 자신을 밀어 넣는다. '놂'은 유희와 쾌락의 '놀이'일까? "쓰라림"과 "헷갈림"인 고통의 번민일까? 어쨌든 시인은 '한심함'과 '뒹굶'이라는 적극적 자기 유실을 통해 스스로를 옭아맨 의미론적 사슬을 끊으려 한다. 이는 주체를 온전히 감성의 자유에 위탁할 수 있는 용기를 필요로 한다. 해석과 의미로 도배된 삶의 터전에서 "무념으로 시만 읽을 것이다"(「어제 온 가을」)를 피력하는 시인의 항변은 그래서 더 애처롭다.

행복이라는 어휘를 알고부터
행복해지기 어려워진 나의 사정
성북동 가는 걸음이면 내친 김에 하는
생각으로 수연산방을 거친다
언문일치는 옳은 의견이지만
그건 지킬 수 없는 약속이다
수연산방 말라버린 우물바닥에
내 역사를 비춰보고 돌아서며
말과 생각과 몸이 벼락 치듯
하나 되는 꿈꾼다 꿈이지만
그런 문장을 건너가야 하리

—「문장강화」 부분

"행복이라는 어휘를 알고부터/행복해지기 어려워진 나의 사정"처럼 '앎'은 '깨달음'이고, '깨달음'은 '실천'을 요구한다. 실천 없는 생은 헛것이다. 어쩌면 시인에게 지난날은 이 헛것에 몰두했다는 자책과 반성일지도 모른다. "내 역사를 비춰보고 돌아서"는 "말라버린 우물바닥"에서 그는 메마른 자신을 본다. 수없이 어긋났던 지난날의 건조한 맨얼굴을 그는 응시한다. 그것은 고통의 응시이다. 우물 속에 비친 고통의 초상을 직시하는 일은 관념의 사유가 아니라 살아 있는 통증이며 삶의 애환이다. 박세현은 허약하고 고갈된 정신의 이념과 해석에 좌초된 자신을 구원하기 위해 시를 쓰는 것이다.

그것이 "지킬 수 없는 약속"일지 모르지만, "말과 생각과 몸이 벼락 치듯/하나 되는 꿈꾼다 꿈이지만/그런 문장을 건너가야 하리"라는 말처럼 그는 언어와 생각과 몸이 일치되는 하나의 '선율'로 자신의 시를 노래해야 한다고 믿는다. 인생의 거울 앞에서 시인은 "전반전 끝나고 후반전 끝났는데 무승부인 생애/지금 봄비 맞으며 연장전 진행 중"(「청명」)이라고 진단한다. 악착과 집착을 내려놓고, 익숙한 문법에 기대어 의미와 해석의 포로가 되지 않는, 세계의 번역자가 아닌 온전한 자기 현시(顯示)로서의 시를 그는 꿈꾼다.

가르치는 자이자 쓰는 자에게 이성의 늪은 깊다. 이 깊은 수렁에서 벗어나는 것은 녹록치 않다. 스스로가 만들어놓은 의미의 투망에서 자기를 건져 올려야 하기 때문이다. 그것은 지나온 자기의 삶의 익숙함에 반역하는 길이다.

나는 이제 언어의 문밖을 나선다
거룩한 의미 따위여
차나 한 잔

—「춘몽일장」 부분

"언어의 문밖"을 나서는 시인의 가파르고 차가운 시련의 여정에 따뜻한 "차나 한 잔" 나누어도 좋지 않을까.

이 도서의 국립중앙도서관 출판시도서목록(CIP)은 서지정보유통지원시스템 홈페이지(http://seoji.nl.go.kr)와 국가자료공동목록시스템(http://www.nl.go.kr/kolisnet)에서 이용하실 수 있습니다.(CIP제어번호: CIP2016006801)

시인동네 시인선 050

저기 한 사람

초판 1쇄 발행 2016년 3월 22일
초판 2쇄 발행 2016년 12월 5일
지은이 박세현
펴낸이 고영
책임편집 이현호
디자인 헤이존
펴낸곳 문학의전당
출판등록 제311-2012-000043호
주소 서울시 은평구 연서로11길 7-5 401호
편집실 서울시 마포구 마포대로 127, 413호(공덕동, 풍림VIP빌딩)
전화 02-852-1977
팩스 02-852-1978
블로그 http://blog.naver.com/mhjd2003
전자우편 sbpoem@naver.com

ISBN 979-11-5896-247-0 03810

*이 시집은 〈2016 세종도서 문학나눔〉 도서에 선정되었습니다.